LOS TRENES

Aaron Carr

www.av2books.com

Visita nuestro sitio www.av2books.com e ingresa el código único del libro.
Go to www.av2books.com, and enter this book's unique code.

CÓDIGO DEL LIBRO
BOOK CODE

F793326

AV² de Weigl te ofrece enriquecidos libros electrónicos que favorecen el aprendizaje activo.
AV² by Weigl brings you media enhanced books that support active learning.

El enriquecido libro electrónico AV² te ofrece una experiencia bilingüe completa entre el inglés y el español para aprender el vocabulario de los dos idiomas.
This AV² media enhanced book gives you a fully bilingual experience between English and Spanish to learn the vocabulary of both languages.

Spanish

English

Navegación bilingüe AV²

AV² Bilingual Navigation

OPCIÓN DE IDIOMA
LANGUAGE TOGGLE

CAMBIAR LA PÁGINA
PAGE TURNING

CERRAR
CLOSE

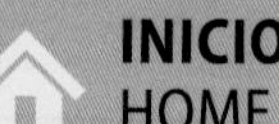

INICIO
HOME

VISTA PRELIMINAR
PAGE PREVIEW

LOS TRENES

ÍNDICE

Los trenes son máquinas muy grandes. Un tren está compuesto por muchas partes unidas. Cada parte se llama vagón.

6

Los trenes andan
por calles especiales
llamadas vías o rieles.

8

El tren es una de las máquinas más grandes sobre la tierra. El tren más largo de la historia medía más de 4 millas de largo.

Un tren puede hacer el trabajo de 600 semirremolques.

Los trenes que llevan mercancías se llaman trenes de carga. Estos trenes llevan alimentos y otras cosas que la gente necesita.

Los trenes que llevan gente se llaman trenes de pasajeros. La gente toma estos trenes en todo el país.

Los trenes subterráneos llevan gente a diferentes partes de una ciudad.

13

El tren tiene una locomotora
que arrastra a los vagones.
La locomotora está en
la parte delantera del tren.

La locomotora tiene un espacio llamado cabina. La cabina tiene todos los controles que se necesitan para conducir el tren.

EB 100%
B
0% OFF

Los trenes más veloces pueden ir a más de 300 millas por hora. Estos trenes usan imanes para flotar sobre las vías sin tocarlas.

RAILROAD
CROSSING
2
TRACKS
FOR TRAFFIC SIGNAL
STOP
HERE ON
RED
LIQUOR
PILOT
FREESTAR
LIMITED
WICKSTROM
X62 4671
BARRINGTON

Los trenes pueden ser peligrosos. Les lleva mucho tiempo detenerse. Hay que detenerse al escuchar o ver que viene un tren.

DATOS SOBRE LOS TRENES

Estas páginas contienen más detalles sobre los interesantes datos de este libro. Están dirigidas a los adultos, como soporte, para que ayuden a los jóvenes lectores a redondear sus conocimientos sobre cada máquina presentada en la serie *Máquinas poderosas*.

Páginas 4–5

Los trenes son máquinas muy grandes. Se utilizan para transportar mercancías y personas a grandes distancias sobre la tierra y, a veces, por debajo de la tierra. Los trenes están formados por varias unidades, llamadas vagones, unidas en fila. Tienen una locomotora adelante que tira de los vagones. Los trenes más largos pueden tener otra locomotora atrás y en el medio para lograr una mayor fuerza de tracción.

Páginas 6–7

Los trenes andan por calles especiales llamadas vías o rieles. La mayoría de los trenes corren sobre dos vías, pero algunos trenes de pasajeros andan sobre una sola vía, llamada monorriel. Las típicas vías de dos rieles están hechas de acero y tienen diferentes calibres. El calibre estándar, el del 60 por ciento de las vías del mundo, tiene una separación de 4 pies y 8,5 pulgadas (143,5 centímetros) entre las dos caras internas de los rieles.

Páginas 8–9

El tren es una de las máquinas más grandes sobre la tierra. Los trenes pueden tener cualquier longitud, mientras tengan la potencia suficiente para arrastrar el peso. El tren más largo de la historia estaba compuesto por 682 vagones y medía más de 4,5 millas (7,3 kilómetros). El tren de pasajeros más largo tenía más de 1 milla (1,7 km) de largo.

Páginas 10–11

Los trenes que llevan mercancías se llaman trenes de carga. Los trenes representan el 40 por ciento del transporte de carga interurbano de los Estados Unidos. Con capacidad para trasladar 82.000 toneladas (74.000 toneladas métricas) de mercancrías en un solo viaje, el tren es una de las formas más económicas de transportar mercancías. Enganchándoles vagones especiales, los trenes se pueden usar para transportar prácticamente cualquier tipo de carga, desde productos embalados hasta granos sueltos o líquidos.

Páginas 12–13

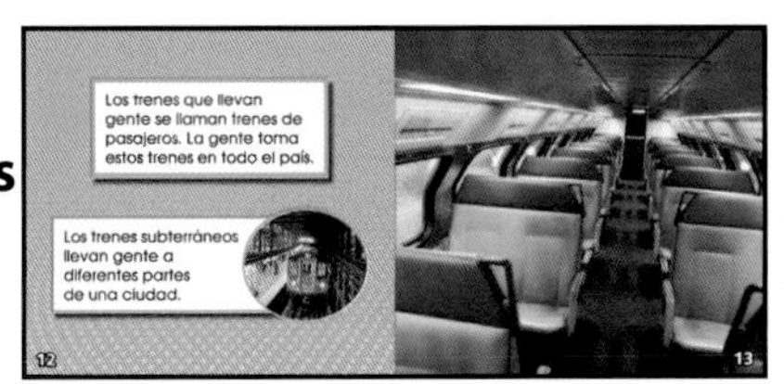

Los trenes que llevan gente se llaman trenes de pasajeros. Los trenes de pasajeros utilizados para viajes de larga distancia suelen tener vagones especiales para comer y dormir. Los pasajeros que viajan en primera clase tienen habitaciones privadas con camas, baño y ducha individual. Hay otros tipos de trenes de pasajeros, como los trenes de alta velocidad, los trenes interurbanos, los trenes livianos, los subterráneos y los tranvías.

Páginas 14–15

El tren tiene una locomotora que arrastra a los vagones. Muchas locomotoras funcionan con una combinación de combustible diésel y electricidad. En estos trenes, un motor diésel alimenta a un generador eléctrico, que a su vez alimenta al tren. La locomotora típica produce unos 3.200 caballos de fuerza. La locomotora más grande jamás construida fue una locomotora de carga de 6.000 caballos de fuerza llamada Big Boy.

Páginas 16–17

La locomotora tiene un espacio llamado cabina. La cabina tiene todos los controles, palancas, botones y medidores necesarios para conducir el tren. La cabina es el lugar donde se sientan el ingeniero y el conductor. El ingeniero maneja la locomotora, mientras que el conductor es el encargado de todo el tren, coordinando la carga y descarga de la mercancía, supervisando a la tripulación y asegurándose de que se cumplan con todas las reglamentaciones de seguridad ferroviaria.

Páginas 18–19

Los trenes más veloces pueden ir a más de 300 millas por hora (480 km/h). Los potentes imanes eléctricos del tren y de las vías se repelen y hacen que el tren se eleve unas 0,5 pulgadas (1,3 cm) por encima del riel. Los trenes de levitación magnética, o "maglevs", pueden viajar a velocidades extremas porque ninguna parte del tren toca las vías durante el viaje.

Páginas 20–21

Los trenes pueden ser peligrosos. Los trenes son máquinas enormes que se mueven muy rápido. A tanta velocidad y con tanto peso detrás, los trenes necesitan mucho espacio y tiempo para detenerse. Un tren de carga que viaja a 60 millas (100 km) por hora, necesita 1,2 millas (2 km) para detenerse. Se debe evitar caminar sobre las vías o cerca de las vías del tren y solo se debe cruzar por los cruces ferroviarios marcados y cuando no haya peligro.

Published by AV² by Weigl
350 5th Avenue, 59th Floor
New York, NY 10118
Website: www.av2books.com

Library of Congress Control Number: 2015954017

ISBN 978-1-4896-4416-9 (hardcover)
ISBN 978-1-4896-4418-3 (multi-user eBook)

Printed in the United States of America in Brainerd, Minnesota
1 2 3 4 5 6 7 8 9 0 20 19 18 17 16

032016
101515

Project Coordinator: Jared Siemens
Spanish Editor: Translation Cloud LLC
Designer: Terry Paulhus

Weigl acknowledges iStock and Getty Images as the primary image suppliers for this title.